Birgit Utermarck

Fröhlich bunte Osterzeit

Bastelspaß für Groß & Klein

CHRISTOPHORUS

BRUNNEN-REIHE

Inhalt

Fröhliche Ostern!

Mit dem helleren Licht des Frühlings kehren auch die frischen, bunten Farben zurück. Der Osterhase bekommt viel zu tun und seine Freunde, Marienkäfer, Frosch, Familie Huhn und viele andere, treten auch wieder in Erscheinung: Während der Hampelhase die Farben im Eimer anmischt und drei Hasenkinder an einem Bindfadenseil herumturnen, grasen Schafe als Steckfiguren friedlich in den Grünpflanzen. Bunt gestreifte Vögel hängen in den Zweigen und als Sitzfiguren lassen Hase und Co. die Beine baumeln. Am Ostertisch hat sich das große gelbe Huhn als Platzgedeck niedergelassen, Frosch, Hase und Hahn halten die Frühstückseier warm.

Der Werkstoff Papier wird hier mit farbigem Naturbast und mit textilen Materialien kombiniert. Bastfäden als Haare, als Fell oder Stirnlocken angeknotet, und Stoff, auf Motivteile geklebt oder als Halstücher umgelegt, verleihen den Papierbildern einen witzigen und lebendigen Ausdruck.

Anhänger und Karten erhalten ihren besonderen Pfiff, indem einzelne Motivteile mit Knöpfen befestigt und auf diese Weise beweglich gestaltet werden. Eine Technik, die viel Spaß bringt und die vielleicht als Anregung für eigene Konstruktionen oder für Veränderungen der gezeigten Papierdekorationen dienen kann.

Bögn Utwnards

So geht's

Die Papiere

Für alle in diesem Buch vorgestellten Bastelarbeiten ist das Grundmaterial *Tonkarton* und *Tonpapier*. Beide Papiersorten werden in vielen Farben angeboten und unterscheiden sich voneinander nur durch ihr Gewicht. Ergänzend dazu steht der *Künstlerkarton von Canson* zur Verfügung. Er ist lichtecht ausgerüstet und mit einer geprägten Oberfläche versehen.

Einen reizvollen Gegensatz bildet *Wellpappe* mit ihrer Rillenstruktur, sie ist in vielen Farben erhältlich. Als *Feinwellpappe* weist sie engere Rippen auf.

Die textilen Materialien

Eine interessante Möglichkeit der Papiergestaltung ist die Kombination von Papier mit textilen Werkstoffen. *Dünner kleingemusterter Baumwollstoff* eignet sich für angeknotete Tücher und aufgeklebte Flicken, kann aber auch auf einzelne Bildteile geklebt werden und so gemusterte Flächen erzeugen. Vielseitige Effekte lassen sich mit farbigem *Naturbast* (ersatzweise Viskosebast) erzeugen. *Bindfäden, Stickgarn* und *Bänder* ergänzen die Ausstattung der

Papiermodelle. *Knöpfe* werden nicht nur als Blickfang aufgenäht, sondern auch als Mittel zur Befestigung beweglicher Teile eingesetzt.

Das Übertragen der Vorlagen

Alle gezeigten Motive befinden sich in der Originalgröße auf dem Vorlagenbogen. Mit Hilfe von *Kohlepapier* und *Bleistift* können die Motivteile dann direkt auf das ausgewählte Werkmaterial übertragen werden.

Oder *transparentes Zeichenpapier* auf die Vorlage legen und das Motiv mit *einem harten Bleistift* darauf durchzeichnen. Alle Konturen auf der Rückseite des Transparentpapieres mit *weichem Bleistift* nachfahren, dann das Papier mit der Rückseite nach unten auf das Werkmaterial legen und die Linien noch einmal mit einem harten Bleistift durchdrücken. Viele Motive werden doppelseitig angefertigt, die Bildteile werden also zweifach hergestellt. Dazu die Motive aus Doppellagen der betreffenden Papiere ausschneiden und diese vorher mit Heftklammern zusammentackern, um sie gegen ein Verschieben zu sichern.

Das Schneiden

Gute Schneidewerkzeuge sind für Papier-
arbeiten eine wichtige Voraussetzung.
Zur Grundausstattung gehören *scharfe
Scheren* in verschiedenen Größen. Für
große, geschwungene Linien ist ein
Papiermesser (Cutter) sinnvoll. Für kleinere Rundungen und Innenformen eignet
sich ein *Grafikermesser mit spitzer, aus-
wechselbarer Klinge* besonders gut. Beide
Schneidemesser erfordern eine *schnitt-
feste Unterlage* entweder aus *fester Pappe*
oder aus speziellem *Gummimaterial
(Cutmat)*.
Achtung: Für Kinder sind Cutter und
Grafikermesser nicht geeignet! Sie soll-
ten mit einer Schere mit abgerundeten
Ecken arbeiten.

Bei einigen Arbeiten ist eine *Lochzange*
hilfreich. Dabei ist es günstig, immer
eine möglischst kleine Locheinstellung
zu wählen. Zum Ausstanzen von Punkten gibt es *Locheisen* in unterschiedli-
chen Druchmesssergrößen.

Das Kleben

Für die Klebearbeiten einen *Klebestift*
(z.B. UHU stic), einen gut haftenden *Alleskleber* (z.B. Uhu extra) oder *Holzleim*

bzw. *Weißleim* (z.B. Uhu
coll) verwenden. *Weißleim* ist auch
für das Montieren von Stickgarnfäden
und Bastfäden sowie für das Überkleben
von Papierteilen mit Stoff besonders
geeignet, ebenso zum Ankleben von
Wellpappe.

Das Aufkleben der Stoffteile

Mit dünnem kleingemusterten Baumwollstoff können Bildteile beklebt werden
und so gemusterte Flächen als Blickfang
erzeugen. Dazu die Motivteile aus einem
farblich zum Stoff passenden Tonkarton
zuschneiden. Den Stoff in einer Fläche,
die etwas größer ist als das betreffende
Motivteil, mit Weißleim einstreichen, so
dass auch die späteren Schnittkanten
des Stoffes gesichert sind. Das Karton-
teil auflegen, fest andrücken und gut
trocknen lassen. Dann das Bildteil an
der Papierkante entlang aus dem Stoff
ausschneiden.

HINWEIS

*Scheren, Alleskleber und Holzleim
werden für alle vorgestellten Beispiele
benötigt. Sie sind daher nicht jedesmal
eigens angeführt.*

- Tonkarton in Ocker, Dunkelbraun Gelb, Grün, Pink, Dunkelblau, Hellblau
- Tonpapier in Dunkelbraun
- Canson/Tonpapier in Orange, Schwarz
- gemusterter Baumwollstoff in Blau
- Naturbast in Hellbraun, Orange, Dunkelbraun
- 5 Musterbeutelklammern
- schwarzer Filzstift
- roter Buntstift
- Deckweiß
- Baumwollschnur
- Gewebeband
- Lochzange
- dicke Stopfnadel

Vorlage A

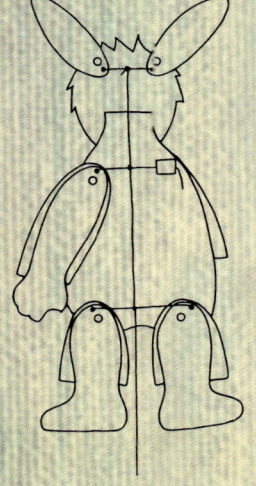

Hampelhase

1 Den Kopf aus Tonkarton doppelt fertigen. Alle anderen Teile aus Tonkarton einfach ausschneiden.

2 Den Körper mit dem Pullover bekleben. Die Hose nur an den Kanten fixieren, zuvor die Tasche einschlitzen. Die Jackenteile anbringen, Arme und Beine mit Ärmeln und Hosenbeinen ergänzen. Zwei Pinsel doppelt zuschneiden, Bastfäden als Borsten befestigen und die Teile aufeinander kleben. Den Eimer mit Streifen, Henkel und herausquellender Farbe versehen. Innenohren ergänzen, Nase und Augen anbringen. Schnauze und Wangen malen, Deckweiß auftupfen.

3 Die Bartpunkte einknipsen. Durch jeweils zwei Löcher einen Bastfaden hindurchziehen (s. Vorlage) und kürzen. Die Löcher mit braunem Tonpapier hinterkleben. Die Rückseite ergänzen.

4 Den Kopf auf den Körper setzen. An der Stirn drei Löcher einknipsen, Bastfäden anknoten (s. Zeichnung auf Seite 16). Löcher einstanzen, die Teile mit Musterbeutelklammern verbinden. Einen Pinsel in die Hosentasche schieben, den zweiten an der Hand befestigen. Zuvor den Arm mit Eimer so am Hasen fixieren, dass der Pinsel bei der Abwärtsbewegung in den Eimer taucht (evtl. einen blauen Konturstreifen unter den Arm schieben).

5 Die Schnüre spannen (s. Zeichnung). An den schwarzen Punkten Löcher bohren. Zunächst die drei querlaufenden Schnüre befestigen, die mittlere Schnur nur an einer Seite anknoten, an der anderen mit Gewebeband festkleben. Zuletzt die längsverlaufende Zugschnur (ca. 60 cm) am obersten Querfaden befestigen, dann an den weiteren Querfäden verknüpfen. Den Aufhängefaden einziehen.

Frühlingsgrüße

Material

- Doppelkarten
  (12 x 17 cm) in
  Violett, Blassgrün,
  Hellorange
- Tonpapier in Gelb-
  grün, Hellorange,
  Pink
- Filz in Türkis, Gelb,
  Gelbgrün, Mittel-
  grün, Weiß, Rot,
  Pink, Orange,
  Violett
- Transparentpapier
- harter und weicher
  Bleistift
- dünnes Stickgarn in
  Dunkelgrün, Türkis,
  Gelb
- Sticknadel
- Nähgarn
- Stecknadeln

Vorlage B 1-3

1 Mit Hilfe von Transparentpapier die Motivteile auf den entsprechenden Filz übertragen und
ausschneiden.

2 Für jedes Motiv eine Filzunter-
lage (s. Vorlage) anfertigen und
das Motiv darauf feststecken.
Bei Papagei und Hahn vorher
den Schnabel und den Schwanz
bzw. den Kamm hinter den Körper
schieben, bei der Blume zunächst
den Stiel festkleben. Dann alle Teile
heften. Mit Stickgarn und einfachem
Vorstich die Motive auf die Unterlage
nähen, dabei die untergeschobenen
Teile mit erfassen. Bei den Vögeln die
Augen, Flügel und Füße, bei der Blume
den Mittelpunkt aufkleben (Weißleim!).

3 Die fertigen Motive auf den
Karten befestigen. Die Blume mit
Blättern, den Hahn mit Grasbüscheln
und den Papagei mit Blüten aus Tonpapier umgeben.

Hase mit Roller

Material

- Tonkarton in Ocker, Gelb, Rot, Pink, Mittelblau
- Tonpapier in Beige, Dunkelvoilett, Dunkelbraun
- Canson/Tonpapier in Türkis-Blau, Schwarz
- Feinwellpappe in Türkis, Pink
- Naturbast in Hellgrün, Dunkelbraun
- 4 blaue Zweiloch-Knöpfe, ca. 1,3 cm Ø
- schwarzer Filzstift
- Buntstift in Pink
- Deckweiß
- Lochzange, Locheisen oder dicke Stopfnadel

Vorlage C

1 Sämtliche Bildteile doppelt herstellen. Den Hasen mit einer türkisblauen Hose versehen, darauf violette Punkte setzen. Den Rucksack einschlitzen, auf den Rücken schieben und ankleben. Das Armteil einschneiden, von vorne auf den Körper schieben und fixieren. Die Ostereier so hinten am Rucksack befestigen, dass Bast als Ostergras hineingesteckt werden kann. Ein Halstuch aus Wellpappe ergänzen.

2 Innenohr, Nase und Augenpunkt anbringen. Mit Deckweiß einen Lichtpunkt auf das Auge tupfen, mit Buntstift die Wangen betonen und mit Filzstift Maul, Armlinien und Pfoten zeichnen. Vier Bartpunkte einknipsen, zwei Bastfäden als Barthaare hindurchziehen und fixieren. Die Löcher mit braunem Tonpapier hinterkleben und einige Bastfäden als Stirnhaare von der Rückseite her befestigen.

3 Den Roller aus Rahmen, Lenkstange und Trittbrett zusammenfügen, die Räder mit der Felge ergänzen. Den Hasen auf den Roller stellen und das Bild auf der Rückseite ergänzen. Zuletzt an beiden Rädern auf der Vorder- und Rückseite Knöpfe als Radnabe durchnähen.

HINWEIS

Zum Durchnähen der Knöpfe jeweils ein Loch durch alle Schichten des Papiers bohren und die Knöpfe so von beiden Seiten festnähen.

Material

- Tonkarton in Rosa, Gelb, Hellbraun, Gelbgrün, Rot, Pink, Dunkelblau, Türkis-Blau, Mittelgrün
- Canson/Tonpapier in Schwarz, Weiß, Beige, Rosa, Dunkelbraun
- Wellpappe in Gelb
- Feinwellpappe in Türkis, Pink
- Naturbast in Hellbraun
- Blumendraht
- schwarzer Filzstift
- Deckweiß
- dünne Stopfnadel
- Klebefilm

Vorlage D 1-3

Drei Freunde

1 Alle Bildteile außer den Händen, Füßen und Flügeln doppelt herstellen. Dann die Figuren zusammensetzen und die Hände und Füße ergänzen. Alle Knöpfe ankleben.

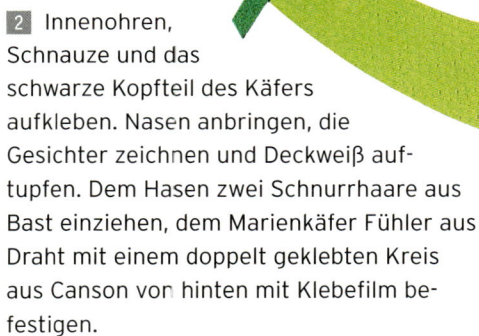

2 Innenohren, Schnauze und das schwarze Kopfteil des Käfers aufkleben. Nasen anbringen, die Gesichter zeichnen und Deckweiß auftupfen. Dem Hasen zwei Schnurrhaare aus Bast einziehen, dem Marienkäfer Fühler aus Draht mit einem doppelt geklebten Kreis aus Canson von hinten mit Klebefilm befestigen.

3 Die Rückseiten gestalten. Die markierten Linien an den Beinen vorfalzen und Berg- und Talfalten herstellen. Dem Käfer getupfte Flügel ankleben. Arme und Hände der Figuren falzen und falten (s. Abb.). Die doppelt gefertigten Blumen bzw. den Zweig daran befestigen.

Zottelige Schafe

Material

- Tonkarton in Türkis-Blau, Dunkelblau, Pink, Beige, Gelb, Schwarz
- Canson/Tonpapier in Weiß
- Feinwellpappe in Weiß, Türkis
- Naturbast in Naturfarben, Hellbraun
- schwarzer Filzstift
- roter Buntstift
- Gewebeband
- Klebefilm
- Rundhölzer, 5 cm Ø, 35 cm lang
- Lochzange oder dicke Stopfnadel

Vorlage E 1-3

Für alle Steckfiguren sämtliche Motivteile doppelt, nur die Füße einfach zuschneiden.

Schäfer

Für den Bart fünf Löcher einknipsen. Bastfäden von ca. 6 cm Länge zur Hälfte durchziehen, vorher teilen. Die Fäden umknicken, auf der Rückseite ankleben und kürzen. Die Figur aus Kopf, Jacke, Hose und Füßen zusammensetzen. Den Arm mit Hand anbringen, den Umhang mit Gürtelteil nur oben und am Rücken fixieren. Hut mit Band und den Stock ergänzen. Auge und Wange malen. Auf der Rückseite mit Gewebeband das Rundholz befestigen und die Figur ergänzen.

Schafe

Am Kopf drei Löcher ausstanzen, einen langen Bastfaden teilen und in eine Stopfnadel einfädeln. Mit einem einfachen Überwendlingsstich in jedem Loch größere und kleinere Schlingen bilden und jeweils mit einem fest angezogenen Überwendlingsstich sichern (s. Zeichnung 1). Die Enden auf der Rückseite mit Klebefilm befestigen. Die größeren Schlingen in die Stirn ziehen, die kleineren hoch stellen. Die Schafe aus Kopf, Halstuch, Körper und Beinen zusammenfügen. Aus Canson das Auge schneiden, umranden, eine Pupille und das Maul malen. Für das „Fell" fünf Lochpaare in fünf ca. 14 cm lange Bastfäden einziehen und verknoten (s. Zeichnung 2). Ein Rundholz befestigen und die Rückseite ergänzen.

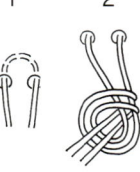

Zeichnung 1   Zeichnung 2

14

Osterkörbe

Material

- Wellpappe in Gelb, Grün, Orange
- Feinwellpappe in Pink
- Tonkarton in Weiß, Beige, Ocker, Rot
- Canson in Schwarz
- Regenbogen-Tonkarton im Bereich Orange-Gelb
- Naturbast in Hellbraun
- Viskosebast in Weiß
- Deckweiß
- Lochzange oder dicke Stopfnadel

Vorlage F 1-3

1 Für die Körbe jeweils zwei Seitenteile, ein Mittelteil und zwei Henkel von 1,5 x 32 cm aus Wellpappe ausschneiden (Rillenverlauf beachten!). Die Mittelstreifen beidseitig entlang der markierten Linien falzen und umknicken. Die Zackenreihen gut mit Weißleim einstreichen und erst an das vordere, dann an das rückwärtige Teil des Korbes kleben.

2 Für Huhn und Hase jeweils alle Bildteile aus Tonkarton einfach anfertigen. Die Nase des Hasen aus Feinwellpappe, die untere Schnabelhälfte des Huhns aus Wellpappe, die obere aus Regenbogenkarton herstellen. Das orangefarbene, untere Schnabelteil flächig aufkleben, zuvor die Kehllappen darunter schieben. Das gelbe Schnabelteil darüber legen und nur am oberen Rand befestigen, den Schnabel etwas hochbiegen. Den roten Kamm fixieren.

3 An der Schnauze des Hasen die Bartpunkte einkipsen und drei Bastfäden als Schnurrhaare einziehen (s. Vorlage). Die Schnauze anbringen und die Nase darüber kleben. Die Innenohren ergänzen und Hase und Huhn mit schwarzen Augen versehen. Mit Deckweiß Lichtpunkte auftupfen.

4 Beim Hasen zwischen den Ohren drei Löcher, beim Huhn auf beiden Seiten insgesamt fünf Löcher einknipsen, Bastfäden anknoten (s. Zeichnung) und zurechtschneiden.

1   2

Hasenturnen

Material

- Tonkarton in Gelb, Hellbraun, Orange, Pink, Grün, Türkis-Blau, Dunkelblau
- Tonpapier in Beige, Schwarz, Grün, Orange, Dunkelviolett
- Naturbast in Hellbraun
- schwarzer Filzstift
- roter Buntstift
- Deckweiß
- Bindfaden

Vorlage G 1-3

1 Alle Bildteile mit Ausnahme der Beine und freien Arme doppelt anfertigen. Die Hasen aus Pullover, Hose, Armen und Beinen zusammensetzen. Das Halstuch, dann den Kopf aufkleben. Die Hosen mit Punkten aus Tonpapier verzieren.

2 Nase und Innenohren anbringen. Gesichter und Wangen malen, Deckweiß auftupfen. Die zur Aufhängung nötigen Pfoten und ein Ohr des ersten und letzten Hasen umfalten.

3 Die Rückseiten ergänzen. An der Stirn zwei Löcher einknipsen, Bastfäden anknoten (s. Zeichnung auf Seite 16) und kürzen. Das Ohr und die Pfoten um den Bindfaden kleben. Auf der Rückseite blind umfalten.

HINWEIS

Die Girlande kann beliebig verlängert werden und passt so auch an große Fenster.

Junge mit Flöte

Material

- Tonkarton in Weiß, Beige, Gelbgrün, Mittelgrün, Dunkelgrün, Dunkelblau, Rot, Braun
- Tonpapier in Hellblau
- Naturbast in Orange
- 4 blaue Zweiloch-Knöpfe, ca. 1,3 cm Ø
- schwarzer Filzstift
- roter Buntstift
- Deckweiß
- Bürolocher

Vorlage H

1 Alle Motivteile mit Ausnahme der Beine zweifach herstellen. Den Jungen aus Kopf, Jacke, Hose, Beinen und Schuhen zusammenfügen. Den vorderen Arm mit der Hand auf die Jacke setzen. Den hinteren Arm mit Hand von hinten an der Figur befestigen, dabei die Flöte zwischen Daumen und Finger schieben und am Mund fixieren.

2 Eine Tasche auf der Jacke ergänzen, das Halstuch anbringen und mit Locherpunkten schmücken. Die Hose mit Streifen verzieren.

3 Mit Filzstift das Auge zeichnen, mit Deckweiß einen Lichtpunkt tupfen und mit Buntstift die Wangen betonen. Aus Bast 20 etwa 5 cm lange Fäden als Haare zuschneiden und auf den Hinterkopf kleben. Vor dem Antrocknen die Position der Mütze prüfen.

4 Die Rückseite gegengleich ergänzen. Zum Schluss auf Vorder- und Rückseite der Jacke jeweils zwei Knöpfe in einem Arbeitsgang durchnähen (s. Hinweis auf Seite 10).

Bewegliche Figuren

1 Mit Ausnahme der Körper aus Tonkarton alle Bildteile doppelt herstellen. Die Figuren beidseitig mit Augen aus Tonpapier und Nasen bzw. Wangen aus Wellpappe versehen. Die Hasen erhalten Schwänze aus dem gleichen Material. Mit Filzstift Gesichter und Pupillen malen. An den Armen und Beinen der Hasen doppelseitig Pfoten, beim Frosch „Schwimmschuhe" anbringen.

2 An den markierten Stellen der Körper, Arme und Beine Löcher einknipsen. Um die Arme beweglich anzubringen, die Armteile und die Knöpfe mit Nähgarn in einem Arbeitsgang auf der Vorder- und der Rückseite der Tiere befestigen, wie auf Seite 30 unter „Vögel" beschrieben. Die beweglichen Beine ebenso anbringen.

Material

- Tonkarton in Türkis-Blau, Rot, Grün
- Tonpapier in Weiß, Gelb, Türkis-Blau, Gelbgrün
- Feinwellpappe in Pink, Türkis, Apricot
- 12 Zweiloch-Knöpfe, 0,6 - 0,9 cm Ø
- Nähgarn
- schmales Satinband in Lila, Violett, Weiß
- schwarzer Filzstift
- Nähnadel
- Lochzange oder dicke Stopfnadel

Vorlage J 1-2

Material

- Tonkarton in Weiß, Gelb, Rot, Pink, Gelbgrün, Blau, Beige
- Feinwellpappe in Pink
- Origami-Papier in Pink
- Doppelkarten (12 x 17 cm) in Grün, Blau, Gelb
- dünner gemusterter Baumwollstoff in Pink, Gelb, Blau
- Geschenkband in Rot
- 4 Zweiloch-Knöpfe, ca. 0,9 cm Ø
- Filz in Pink, Weiß, Rot
- schwarzer Filzstift
- Nähgarn
- Nähnadel
- Borstenpinsel
- Lochzange

Vorlage K 1-4

Gans

Rumpf, Kopf und Schwanz aneinander fügen. Schnabel und Füße ergänzen, die Augen zeichnen. Den Flügel mit Stoff bekleben (s. Seite 5), oben am Flügel und am Körper die Löcher einknipsen. Den Flügel auflegen und die Nadel mit dem Nähgarn auf der Vorderseite durch den Knopf, Flügel, Körper und auf der Rückseite durch ein aufgeklebtes Filzplättchen von ca. 1 cm Durchmesser stechen und zurückführen. Den Stich mehrfach wiederholen, dann den Faden verknoten. Ein Band um den Hals knoten und die Gans auf der Karte fixieren.

Tulpe

Zwei Blütenblätter aus Tonkarton, das mittlere aus Wellpappe zuschneiden. Die Löcher einknipsen und, wie bei der Gans beschrieben, die beiden seitlichen Blätter beweglich auf dem mittleren Blatt anbringen. Den Blumentopf mit Stoff bekleben (s. Seite 5). Das Motiv zusammensetzen und auf die Karte kleben, vorher ein grünes Blatt abknicken.

Hase

Die Hose mit Stoff bekleben (s. Seite 5) und den Hasen aus Kopf, Oberkörper, Hose und Füßen zusammensetzen. Halstuch, Innenohren und Nase ergänzen, das Gesicht zeichnen. Die Hände befestigen, oben an den Ärmeln und am Oberkörper die Löcher einknipsen. Die Arme, wie bei der Gans beschrieben, beweglich befestigen. Aus einem 3 x 3 cm großen Stück Origami-Papier eine Windmühle falten (s. Vorlage), die Ecken mit einem Punkt befestigen und auf einem „Stab" setzen. Den Hasen mit der Windmühle in der umgefalteten Hand auf der Karte anbringen.

Ostergedeck

Material

- Tonkarton in Weiß, Gelb, Orange, Pink und Rot
- Tonpapier in Gelbgrün
- Bast in Orange
- Stopfnadel
- Klebefilm

Vorlage L 1-4

1 Alle Motivteile einfach ausschneiden. Die Henne aus Körper, Kopf und Kamm zusammenfügen. Das Auge ergänzen. Den Schnabel fixieren, zuvor die Kehllappen dahinter schieben.

2 Am Schwanz die Löcher einknipsen. Mit einer Stopfnadel große Schlingen aus Bast im Wechsel mit festen Rückstichen hindurchziehen (s. Zeichnung). Die Enden auf der Rückseite mit Klebefilm befestigen.

3 Zwei Einzelküken (im Spiegelbild) und einen Streifen mit Kükenmotiv ausschneiden. Die Schnäbel falten, nur die untere Hälfte ankleben. Die Augen zeichnen. Die Flügel nach vorne falten. An den Einzelküken die Spitzen der größeren Flügel so ankleben, dass sie sich über das Besteck ziehen lassen. Für den Serviettenring einen Schlitz in den Streifen ritzen und das Küken hindurchschieben.

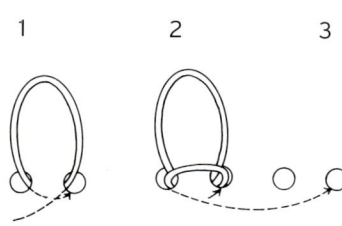

1   2   3

Lustige Eierwärmer

Material

- Canson/Tonpapier in Hellbraun, Grün, Gelb, Orange, Rot, Beige
- Regenbogen-Tonpapier in Lila-Weiß, Grün-Gelb, Orange-Gelb
- Tonpapier in Pink
- Naturbast in Hell-braun, Orange
- schwarzer Filzstift
- Deckweiß
- Stopfnadel

Vorlage M 1-4

1 Die Eierwärmer aus Canson ausschneiden, die gestrichel-ten Linien falzen und umfalten. An den entstehenden Laschen die Grundform zusammenkleben. Vorher beim Hasen die mit Innenohren versehenen „Löffel" in die schrägen Öffnungen schieben.

2 Die Gesichter gestalten. An der Schnauze des Hasen die Bartpunkte einknipsen und zwei Bastfäden hindurchziehen. Die Schnauze nur mit dem oberen Rand am Kopf befestigen, die Nase darüber kleben. Oben am Kopf drei Löcher einknipsen und braune Bastfäden anknoten (s. Zeichnung auf Seite 16). Für den Frosch die pinkfarbene Innenseite des Maules falzen, falten und nur die untere Hälfte fixieren. Das grüne, obere Teil des Maules mit den gelben Augenflecken ebenfalls falzen, falten und an der oberen, losen Innenseite des Maules anbringen.

3 Den Schnabel des Huhns falzen, falten und nur die untere Hälfte festkleben, dabei die Kehllappen mit einschieben. Einen Kamm ergänzen. Bei allen Tieren Wangen aus Regenbogen-papier anbringen, die Augen zeichnen und mit Deckweiß Lichtpunkte auftupfen.

Für den Osterstrauß

Material

- Tonkarton in Weiß, Pink, Gelb, Orange, Türkis, Gelbgrün, Violett
- dünner karierter oder gestreifter Baumwollstoff in Pink, Violett, Gelb, Grün
- Zweiloch-Knöpfe in kontrastierenden Farben, 11 mm und 18 mm Ø
- Stickfaden
- schwarzer Filzstift
- Sticknadel
- Borstenpinsel
- Lochzange oder dicke Stopfnadel

Vorlage N 1-2

Vögel

Die Körper und die Flügel doppelt, alle anderen Bildteile einfach ausschneiden. Schnabel, Kopffedern und Schwanz am vorderen Körperteil befestigen und die Rückseite des Körpers ergänzen. Ein Auge zeichnen. Je zwei Flügel mit Stoff bekleben (s. Seite 5) und trocknen lassen. In Flügel und Körper die markierten Löcher einknipsen. Flügel und Knöpfe (11 mm) auf Vorder- und Rückseite der Vögel mit Hilfe eines Stickfadens in einem Arbeitsgang annähen. Dazu den Fadenanfang etwas heraushängen lassen und die Nähnadel nacheinander durch den obersten Knopf, den vorderen Flügel, den Körper, den rückwärtigen Flügel und den unteren Knopf hindurchstechen und wieder zurückführen. Den Faden straff ziehen und den Stich mehrfach wiederholen. Zum Schluss verknoten.

Blüte

Beide Motivteile doppelt anfertigen. Die Blüte deckungsgleich aufeinander fügen und beide Mittelteile mit gemustertem Stoff bekleben (s. Seite 5). An Blüte und Mittelkreis jeweils die markierten Löcher einknipsen und die Bildteile mit den Knöpfen wie oben beschrieben durch alle Teile hindurch beweglich zusammennähen.

Impressum

© 1999
Christophorus Verlag GmbH
Freiburg im Breisgau
Alle Rechte vorbehalten –
Printed in Germany
ISBN 3-419-56105-9

Lektorat:
Dr. Ute Drechsler-Dietz,
Hechingen

Styling und Fotos:
Roland Krieg, Waldkirch

**Covergestaltung und
Layoutentwurf:**
Networkl, München

Gesamtproduktion:
smp, Freiburg;
Layout: Gisa Bonfig

Druck:
Freiburger Graphische Betriebe

Wir sind für Sie da, wenn Sie
Fragen zu Autorinnen,
Anleitungen oder Materi-
alien haben. Und wir inter-
essieren uns für Ihre eige-
nen Ideen und Anregungen.
Faxen, schreiben Sie oder
rufen Sie uns an. Wir hören
gerne von Ihnen!
Ihr Christophorus-Verlag

**Christophorus-Verlag GmbH
Hermann-Herder-Str. 4
79104 Freiburg**
Tel.: 0761/ 27 17-0
Fax: 0761/ 27 17-3 52
oder e-mail:
info@christophorus-verlag.de

Profi-Tipp der Autorin

Kombinieren und Variieren

Bei vielen der hier gezeigten Motive wird Künstlerkarton von der Firma Canson verwendet. Sollten Sie Canson nicht bekommen, können Sie kleinere dekorative Teile mit Tonpapier, größere und flächigere Bildelemente mit Tonkarton arbeiten.

Dünne gemusterte Baumwollstoffe auf Papier geklebt, verleihen den Motiven ihren ganz besonderen Reiz. Haben Sie die gezeigten Muster und Farben nicht zur Hand, können Sie diese natürlich auch durch ähnliche Stoffe ersetzen.

Das Kombinieren von Papier und Stoff macht Spaß und ist sehr wirkungsvoll. Wenn Sie in diesem Stil gern weiterarbeiten wollen, legen Sie sich doch einfach einen kleinen Vorrat von Stoffresten an. Am besten in Ihren Lieblingsfarben oder mit Mustern, die gut in Ihre Wohnung passen.

Weitere Titel aus der Brunnen-Reihe

3-419-56104-0

3-419-56106-7

3-419-56108-3